マーケティングの基礎

大久保　久明 著

職業訓練法人H＆A

◇ 発行にあたって

　当法人では、人材育成に係る教材開発を手掛けており、本書は愛知県刈谷市にあります ARMS 株式会社（ARMS 研修センター）の新入社員研修を進行する上で使用するテキストとして編集いたしました。

　ARMS 研修センターの新入社員研修の教育プログラムでは、営業コースをはじめ、オフィスビジネスコース、機械加工コース、プレス溶接加工コース、樹脂加工コースなど全 18 種類の豊富なコースを提供しております。また、昨今の新型コロナウイルス感染拡大を受け、Zoom※でのネット受講でも使用できるように、できる限りわかりやすくまとめましたが、対面授業で使用するテキストを想定しているため、内容に不備があることもございます。その点、ご理解をいただければと思います。

　本書では新入社員研修の内容をご理解いただき、日本の将来を背負う新入社員の教育に役立てていただければ幸いです。

　最後に、本書の刊行に際して、ご多忙にもかかわらずご協力をいただいたご執筆者の方々に心から御礼申し上げます。

2021 年 3 月

職業訓練法人　H&A

※Zoom は、パソコンやスマートフォンを使って、セミナーやミーティングをオンラインで開催するために開発されたアプリです。

◇ 目次

第4章　マーケティングの活用

第5章　マーケティングの手順

第6章　マーケティングの役割

第7章　これからのマーケティング

第 1 章

マーケティングの歴史

01　マーケティングの現状

1.　マスメディアからインターネットへ

　日本において、マーケティングは第二次世界大戦後から始まったと言われています。戦後、大量の生活必需品などを作るにあたって、自社の提供する商品やサービスを消費者に購入してもらうため、どのようなかたちでそれらを知ってもらうかが大切になってきました。これが、日本におけるマーケティングの始まりと考えられています。

　具体的には、テレビ・ラジオの CM や新聞の折り込みチラシ、カタログの配布、ダイレクトメールなどが代表的なものです。いずれも市場の視点から「消費者に購入してもらうための仕組みづくり」がベースになっており、今でも基本的な方法として使われています。

　1990 年代になるとインターネットが登場し、多くのパソコンユーザーはインターネットに接続するようになりました。2003 年頃になると、回線がブロードバンド化して通信速度も速くなり、快適な通信環境が得られるようになったことから、インターネット上の各種サービスもさらに増えて充実するようになりました。

　インターネット時代の初期には、企業がホームページを使って情報発信することが一般的でした。ところが、2000 年代後半以降にツイッターやフェイスブックなどに代表される SNS（ソーシャルネットワーキングサービス）の登場により、個人でもインターネットで情報発信できる時代へと大きく変化しました。

　その結果、インターネットは情報収集するだけの受け身のメディアから、個人が情報発信できるメディアへと変わったのです。今では、企業がマーケティングのツールとして SNS を利用する事例も増えており、情報発信だけでなく消費者とのつながりを意識するようになっています。

　SNS の登場によって、個人が情報発信し相互につながっていく関係となり、そこへ企業が参加するようになりました。インターネット初期の一方向型とは異なった、双方向型のつながりが重視される時代になったと言えるでしょう。

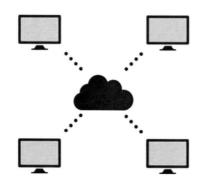

図表1：インターネットの登場で各種サービスが充実

２．スマートフォンの登場

　以前の携帯電話はインターネットに接続することができたものの、画面は小さく操作がしづらいなど不便でした。2007年になると、米国でiPhoneが誕生しました。iPhoneに代表されるスマートフォンは、パソコンを利用した場合と同等の情報を以前より大きな画面で見ることができます。これにより、通話中心だった携帯電話が、持ち歩き可能な個人メディアとなったのです。

　また、スマートフォンはブラウザでなくアプリを活用することが一般的であるため、従来のブラウザ上のバナー広告や検索最適化広告は効果が薄れてきました。従って、広告を出す企業側は、SNS内の話題に関連した広告をメッセージとして表示したり、個人の発信内容や関心に合わせて広告を変化させたりして、個人それぞれのメディア環境に合わせた広告手法を考えるようになりました。

　例えば、消費者の目を引くようなキャンペーンを実施したり、ポイント付与の特典を与えたり、参加型イベントを企画するなど、今までとは明らかに違ったプランが要求されるようになったのです。現在のマーケティングは従来の一方向型から、双方向型であるつながりを意識した内容に変化したと言えます。

02 マーケティングの変化

1. マーケティングのデジタル化

　以前はテレビ・ラジオの CM や新聞の折り込みチラシなど、一方向型の伝達手段だったものが、インターネットやスマートフォンの登場で双方向型へと進化しました。送信したメールを開いたか、どの記事をクリックしたか、さらにスマートフォンの GPS 機能で、どの場所でアプリを立ち上げたかまでわかります。つまり、企業側の働きかけと、消費者側の反応や行動が、デジタルデータとしてはっきり見えるようになったのです。

　その結果、この消費者データを収集および分析する重要性が高まり、集めたデータを IT ツールの活用によって、可視化することが容易にできるようになりました。この可視化により企業内の情報を内部で共有しやすくなり、関係部署をまたがった横展開のマーケティングが可能となったのです。

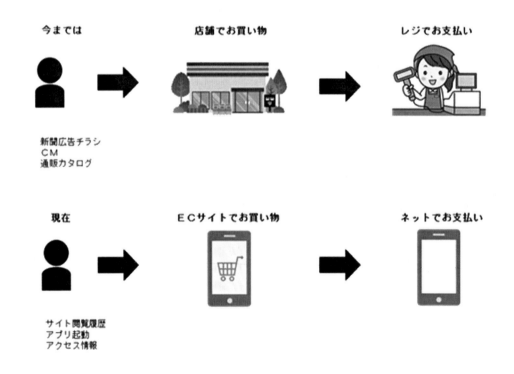

図表 2：マーケティングのデジタル化

２．オムニチャネル化

　社会が変化し、商品やサービスの購入方法および情報収集の方法も変わってくると、ネットとリアルの境界線がなくなってきました。今の消費者は、ネットとリアルを分けて考えていないはずです。これが、**オムニチャネル**という考えであり、企業は単にひとつひとつの経路（チャネル）だけを見ていてはいけないのです。

　ネットとリアルの境目がなくなり、企業の施策においてネット対応が不可欠であるという事実はもはや変えられません。企業はリアルとネットを共存させるために、どのような方法でこれからのネット社会に対応していくべきか、今はそのような思考が非常に重要です。

図表 3：オムニチャネル化

第 2 章

マーケティングを考える

01 マーケティングとは

1．常に変化する市場

　マーケティングの語源である「マーケット」は、一般的に「市場（しじょう）」と訳されます。従って、商品やサービスを売り買いするところであり、どちらかと言えば場所をイメージしがちです。マーケテイング（Marketing）は、Market に ing を付けていることから、進行形であり常に変化し続けている市場という意味に捉えるとわかりやすいでしょう。

　昔の「市場（いちば）」において、消費者は何かを購入することが目的で出かけていたので、良い商品をお値打ち価格で陳列しておけば、その商品は売れていました。しかし、現在の「市場（しじょう）」で「売れる」状態にすることは、簡単な話ではありません。市場で売るためには、消費者に対し「売れる仕組み」を意識して作り上げる必要があるのです。

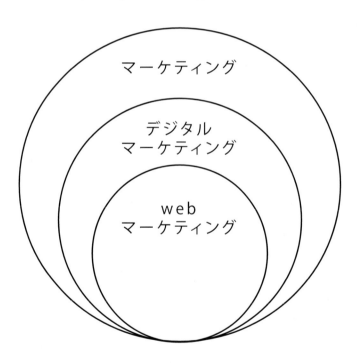

図表4：マーケティングの手法例

　ところで、ツイッターやフェイスブックなどに代表される SNS は、マーケティングと言えるのでしょうか。これらは、あくまで断片的なツールであり、マーケティングではありません。また、「マーケティングとセールス（セリング）は同じである」という思い込みは、一般的によくある間違いです。セールス（セリング）は「売る技術」、マーケティングは「売れる仕組み」という意味合いで理解するとよいでしょう。

　企業が提供する商品やサービスを実際に購入してくれた人を「顧客」と呼びます。企業が顧客と取引できたとしても、今後それがずっと続くかどうかはわかりません。通常、様々な理由により、顧客と企業との関係は微妙に変化するものです。

　従って、企業は常に「顧客の立場」で商品やサービスを考え続け、顧客に寄り添わなければなりません。以前は「作り手が良いと思ったものを売る」という「プロダクトアウト」の考え方が主流でしたが、現在は「顧客が良いと思ったものを売る」という「マーケットイン」の考え方がより重要になっています。しかし、顧客自身が自分のニーズを正確に把握しているかと言えば、決してそうではないという事実を知ることも大切です。

作り手が良いと思ったものを売る

【プロダクトアウト】

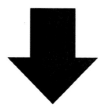

顧客が良いと思うものを売る

【マーケットイン】

図表 5：プロダクトアウトからマーケットインへ

2. 「AIDMA」から「AISAS」へ

　消費者が変化している市場に対し、何を求めているのかを常に考え、自社の提供する商品やサービスについて、どうすれば支持を得られ続けるのか策を講じることこそマーケティングの本質と言えます。その中でも、「消費者の行動プロセス」を意識することは重要です。

　消費者の行動プロセスとは、マスメディア中心のマーケティングが中心だった頃、「AIDMA（アイドマ）の法則」と表現され「注目→興味→欲求→記憶→購買」という流れでした。ところが、インターネットが主流になると、**「AISAS（アイサス）の法則」**というプロセスが生まれました。

　このプロセスは**「注目→興味→検索→購買→共有」**で、ネット時代において共有（Share）が、もっと多くの注目（Attention）や興味（Interest）へとつながっていきます。また、伝わる範囲やスピードも昔とは比較にならないほどです。

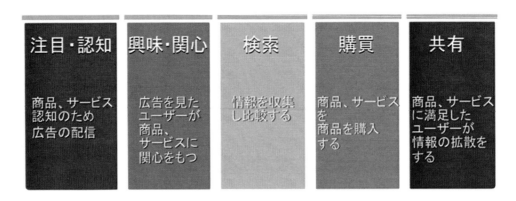

図表6：AISAS（アイサス）の法則

3．マーケティング活動の基本

　顧客の**ニーズ**[1]や**ウォンツ**[2]は、顧客のライフステージを始め、社会の情勢などによって大きく変化します。これらのことから、企業は常に顧客に寄り添った仮説を考えなければなりませんが、個人の主観だけでなく数値による「見える化」を意識することは大切です。

　今は、商品開発から宣伝・販売・アフターフォローに至るまで、実に多くの人が連携して商品やサービスを提供しています。また、関わった人たちにマーケティング思考が求められており、それらの情報およびデータを「見える化」し共有することが必要となっています。

　「見える化」によって、企業は顧客にとって最適なタイミングで商品やサービスを知らせることができ、結果、顧客に再び購入していただけるのです。さらに、企業は顧客に対し、適切なアフターフォローを続けて行く必要があります。もちろん、その体制を構築したら終わりではなく、時代の流れに合っているのか、常に提供した商品やサービスおよび体制の見直しを行わなければなりません。

　つまり、データと顧客の声に基づいて、定期的な見直しを継続的に実施する「PDCA サイクル」を繰り返し、情報やデータを「見える化」することこそマーケティング活動の基本と言えます。現在のマーケティングでは、顧客がはっきり認識しているかどうかによって、「ニーズ」と「ウォンツ」を使い分けています。

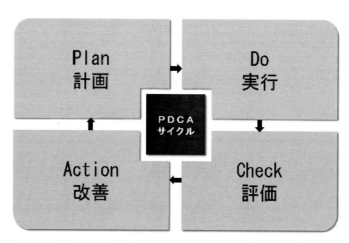

図表 7：PDCA サイクル（マーケティング活動の基本）

---

[1] ニーズ（必要）とは「欲求が満たされていない状態」
[2] ウォンツ（欲求）とは「特定のものを欲しいと考える状態」

02 顧客満足度を高める

1.　顧客への情報提供

　「顧客満足度」とは、顧客が商品やサービスを購入したことによって、結果、どうであったかを顧客自身が決める評価のことです。結果が顧客の期待ほどでない場合、評価は低くなりますし、期待通りなら満足、期待以上であれば大満足となります。

　顧客満足度を上げるためには、まず企業側が「顧客の立場で考える」ことです。どんなに優れた商品やサービスでも、まず顧客に知ってもらわなければ始まりません。その意味で、商品やサービスの情報を顧客が「必要とするタイミング」、「わかりやすい内容・伝え方」、「よく見るメディア」で公開するべきではないでしょうか。

　顧客への情報提供について、従来は一方的にダイレクトメールを送付するなど、一方通行的な手法が一般的でした。ところが、一方的に送られるメールは「スパムメール」扱いとなり、顧客との関係性を壊してしまうことさえあります。

　そこで、現在、重要視されているのが「パーミッション（事前許諾）マーケティング」という考え方です。今では「双方向型のコミュニケーション」で、顧客に最適なマーケティングを実施することが一般的になっています。

図表 8：顧客満足度

２．アフターフォローと改善

　顧客へ必要な情報を伝え、購入の意思決定に至ったとしても、顧客に対して企業が注意するべき点はまだ多く残っています。例えば、配送手段やその時間指定、梱包形態などを始めとした顧客の要望にしっかり応えることができるのかが、顧客満足度の向上には必須です。

　また、顧客へ商品を届け、その代金を回収したら終わりではありません。購入後、顧客に商品の満足度を確認したり、感想を伺ったり、それらを基に全体を見直し改善していかなければなりません。このように、アフターフォローまでをひとつの商品パッケージとして捉えることが、顧客満足度を高め、マーケティングの成果を上げることにつながるのです。

図表 9：アフターフォローと改善

３．顧客満足度の向上

　企業にとって、なぜ顧客満足度が重要なのでしょうか。理由として、顧客満足度が高まると、「気に入った商品やサービスを人に伝えたくなる」という行動心理につながるからです。つまり、顧客ひとり一人を企業側の「営業マン」にすることさえ可能となります。

　最近では、「**アンバサダー**」[3]「**インフルエンサー**」[4]と呼ばれる人たちがいます。「アンバサダー」は商品やサービスの熱烈なファンで、商品やサービスの情報を積極的に発信している人たちです。「インフルエンサー」は著名人や SNS でフォロワー数の多い人など、影響力の強い人たちを指します。

　彼らは、ファッション雑誌の「読者モデル」にも例えられますが、消費者と企業とのつなぎ役として、「消費者の立場」で語る人たちと捉えればわかりやすいでしょう。さらに、彼らは企業側の人ではないことから、発信する情報の共感度が高くなる傾向にあります。

図表 10：インフルエンサー

---

[3] アンバサダーは、企業の売上を伸ばすための存在ではなく、商品やサービスのブランド認知度を上げたり、イメージを一新させたりするために起用される存在です。
[4] インフルエンサーは、企業の売上に貢献する役割が求められ、多くの人数が参加します。

第 3 章

マーケティングの基本

01 マーケティングの進め方

　マーケティングを考えるとき、「①環境分析→②戦略立案→③施策立案→④施策実行→⑤分析・改善」という5つのステップで進めることが一般的です。

①環境分析

　現在から未来に渡って、市場や顧客、自社や競合がどのような状況にあるのかを、「見える化」する最初のステップとなります。

②戦略立案

　顧客になりそうなターゲットに対し、まずどんな商品やサービスであるかを知ってもらい、どのように購入してもらうかなど、その戦略を絞り込んでいきます。

③施策立案

　誰が、いつ、どのような行動をするのか、顧客視点を取り入れ整理しながら、スケジュール・プロジェクト体制図・課題チェックシートへと落とし込んでいきます。

④施策実行

　戦略立案で明確にし、施策立案で落とし込んだ行動計画をプロジェクト関係者がそれぞれ実行していきます。進捗については、関係者全員に対し「見える化」する必要があります。

⑤分析・改善

　プロジェクトの達成度、開始前と開始後の変化を数字や資料で明確に表示し、その施策について「継続する」「見直す」「打ち切る」といった判断を下します。

　以上、マーケティングの基本的な流れですが、次頁以降ではそれぞれのステップにおける分析方法などについて詳しく説明いたします。

1	環境分析	3C分析・SWOT分析
2	戦略立案	STP
3	施策立案	4Pと4C・体制づくり 課題チェックシート
4	施策実行	見える化・進捗管理
5	分析・改善	検証作業・改善計画

図表 11：5 つのステップ

02 マーケティングの分析

1. 3C分析（環境分析）

環境分析を実施するうえで、「市場・顧客(Customer)」「自社(Company)」「競合(Competitor)」というフレームワークで整理する手法を「3C分析」と言います。

①市場・顧客 (Customer)

自社の事業において、どのような市場・顧客がいるのか、市場・顧客の価値観やニーズはどう変化しているのか、数値や時系列で把握していきます。

②自社 (Company)

自社の持つ「人材・資金・資産・情報」の要素で整理します。さらに、市場・顧客のニーズ、競争力、自社の市場におけるシェアや評価がどれくらいかを調査します。

③競合 (Competitor)

同業他社および異業種からの進出企業なども含めて、自社と競合する事業を把握します。競合先の市場シェアを始め、財務状況や方針施策まで調査します。

以上の3Cを分析することによって、自社を取り巻く環境を把握することが大切です。

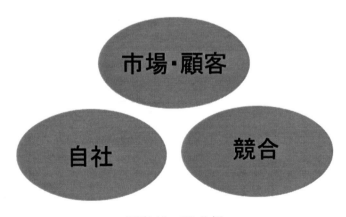

図表12：3C分析

２．ＳＷＯＴ分析（環境分析）

「SWOT分析」とは、自社内部から見た「強み（Strength）」「弱み（Weakness）」、外部における「機会（Opportunity）」「脅威（Threat）」を客観的に把握し、市場でどのように戦って行くのか導き出す環境分析のフレームワークです。

①内部の「強み」「弱み」

企業の成長や将来を考えたとき、自社の資源（人材・生産設備・開発力・資金・顧客など）の「強み、弱み」はどこにあるのかを検討します。現在の強みが将来へのボトルネックになる可能性も考えられるし、逆に弱みと考えてはいたものの、結局、新しい挑戦のきっかけになることもあります。これは、自社を時系列に見直す作業なのです。

②外部の「機会」「脅威」

企業が活動する市場において、人口分布や消費者動向、社会の環境などの変化によって、「チャンスとなるもの」「脅威となるもの」が何であるかを検討します。外部要因は企業側で変えられないものですから、あらかじめ整理や把握をしておくことで、対応策を準備したり、リスク対策を正確に行ったりすることが可能となります。これは、3C分析の市場・顧客や競合の時系列の変化に注目する作業と言えるでしょう。

3C分析による「市場・顧客」「自社」「競合」の把握に加え、このSWOT分析の結果を取り込むことで、企業活動における「課題とリスク」が明確になるメリットがあります。

図表 13：SWOT 分析

3．ＳＴＰ（戦略立案）

　環境分析によって社会の変化を理解し、自社の立ち位置を把握したら、マーケティングのコアとなる「戦略」を立案していきます。環境分析において、すでに「理想の姿（目的・目標）」と「現状の姿」とのギャップが感じられたはずです。

　このギャップをどのように解消し、理想の姿に近づいて行くのか、そのための行動指針が「戦略」と言えます。ここでは、**STP（セグメンテーション・ターゲティング・ポジショニング）** のフレームワークを利用し整理してみます。

①セグメンテーション（Segmentation）

　最初に、市場・顧客を細かく分類します。いわゆる、「細分化」を実施するのです。単純に統計項目的な分け方もありますが、趣味嗜好やライフスタイルのような分類方法を行ったほうが戦略に落とし込みやすいかも知れません。

②ターゲティング（Targeting）

　セグメンテーションで分類した中から、自社のターゲットになりそうな人たちがどれくらい存在するのか整理し把握します。そのとき、現状だけではなく、SWOT 分析などでわかった将来の成長や可能性も含めて考えるとよいでしょう。

　費用対効果から「特定のターゲット」にフォーカスすることもあれば、逆に「幅広いターゲット」を狙うこともあります。どの層をターゲットとして選択するかは、企業を理想の姿に近づけるための戦略を検討する上で重要なテーマです。

③ポジショニング（Positioning）

　自社の選んだターゲットが、提供する商品やサービスを購入してくれるよう、市場での「立ち位置」を明確にします。市場には競合他社が必ずいるはずですから、差別化を考えたうえでターゲットへ伝えていく必要があります。

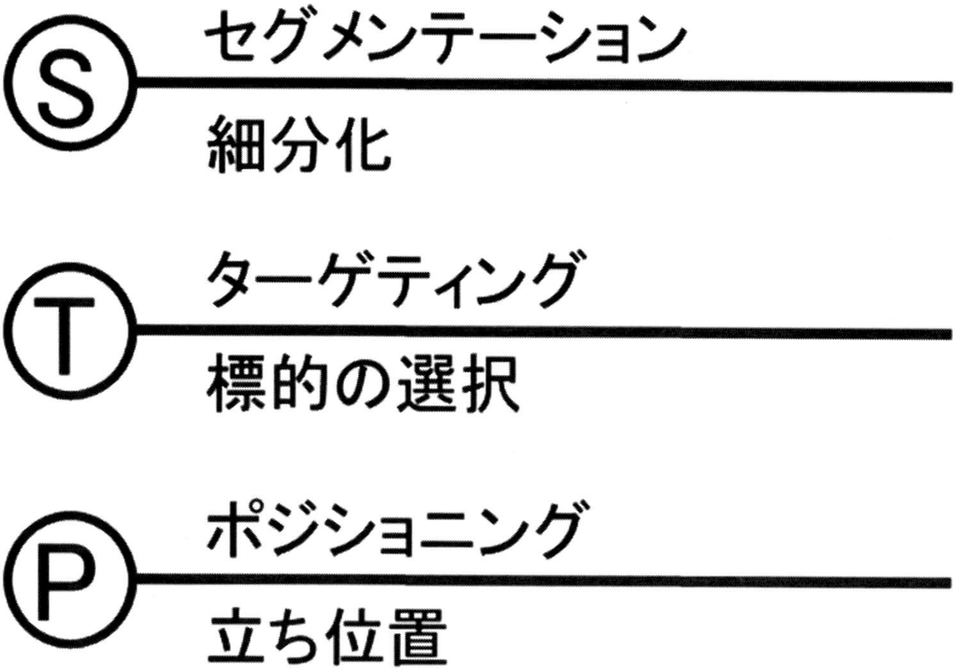

(S) セグメンテーション
細分化

(T) ターゲティング
標的の選択

(P) ポジショニング
立ち位置

図表 14：STP

４．４Ｐと４Ｃ（施策立案）

　環境分析し戦略立案が整ったあとは、その戦略を実現するための施策を考えなければなりません。その際、「4P」と「4C」というフレームワークを掛け合わせて考えてみましょう。

　4P とは、「製品 (Product)」「価格 (Price)」「流通 (Place)」「販促 (Promotion)」のことで、「企業視点」でマーケティング施策を考えるフレームワークです。
　4C は、「顧客の価値 (Customer Value)」「顧客が負担するコスト (Cost)」「顧客の利便性 (Convenience)」「顧客とのコミュニケーション (Communication)」のことで、「顧客視点」の立場でマーケティング施策を考えるフレームワークです。

図表 15：4P（企業視点）

　企業視点の 4P に顧客視点の 4C を掛け合わせることで、「製品が顧客のどのような課題を解決するのか」「顧客のニーズを満たした適正価格はいくらか」「顧客が購入しやすい販売チャネルはどこか」「顧客と会話可能なプロモーションはないか」など、「製品・価格・流通・販促」の企業視点施策を顧客視点から検討できるようになります。

　従来のようなプロダクトアウトの企業視点ではなく、顧客視点からも考えることで、顧客満足度の向上につながる施策が生まれるはずです。そこで、これらの施策をプロジェクトの体制づくりや課題チェックシートなどへ落とし込んでいきましょう。

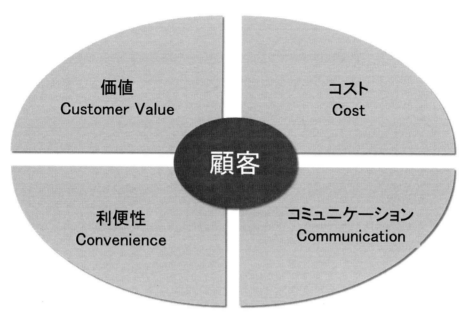

図表 16：4C（顧客視点）

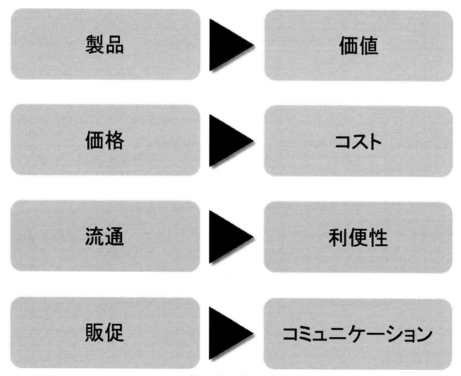

図表 17：4P と 4C

5．見える化（施策実行）

　環境分析、戦略立案を経て施策立案まで落とし込みが終わったら、その施策を実行する段階になります。その場合、施策を実行したら、必ず定期的に検証することが重要です。検証結果を正しく判断するためには、施策の結果を「見える化」し、プロジェクト関係者全員が確認できるようにしなければなりません。施策の内容ごとにあらかじめ期限を定め、それに沿って検証することが大切です。

　「見える化」するにあたって、「項目」や「区分」をどのように扱うのか、しっかりと決めておく必要があります。項目とは、「売上・利益・販売数・受注数・客数・問合せ件数・サイト閲覧数」などです。一方、区分は「日別・週別」のような期間、「地域別・部門別・チャネル別」など、検証したい内容に応じて分類します。

　項目や区分が決定したら、表計算ソフトを活用し、決められたフォームの帳票で、定期的に更新し続けます。当然ですが、プロジェクト関係者全員に情報共有することは必須です。さらに、徹底的に管理したいのであれば、BI（ビジネスインテリジェンス）ツールを活用する方法もあります。クラウド上に最新データを保管し、様々な切り口による分析が可能です。

　マーケティング施策の結果を「見える化」したら、プロジェクト関係者は各担当者による仮説検証を実施し、関係者全員による意見交換の場を設け、改善するべき点が発見されたのなら、次の施策に反映していきます。マーケティング施策の実施後はもちろんのこと、実施中においても、常に「情報共有」および「PDCAサイクル」を十分意識することです。

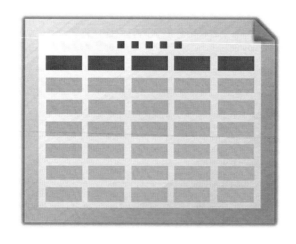

図表 18：見える化

６．検証作業（分析・改善）

　施策の実行が終わったら、実施前の計画に沿って「検証作業」を行い、今後の進め方について意思決定する必要があります。その場合、「継続する」「見直す」「打ち切る」の大きく３つに分けて考えるようにしましょう。

　もし施策結果が良かった場合、「継続する」ことになりますが、検証において改善点が見つかったなら、「見直す」を選択してください。この場合、軽微な改善は直ちに対応し、大きな改善については、対応するタイミングをあらかじめ決めてから進めるようにしましょう。

　残念ながら、期待した結果とならず、今後の見込みについても困難と思われるときは、「打ち切る」ことにします。施策を打ち切る場合、関係先で混乱が起きないよう、事前に準備や期限などについて情報共有を行うことが大切です。

　また、施策の実行中においても、各担当者へ日々変化する数値を「見える化」し、今後の「継続する」「見直す」「打ち切る」を判断するための意見や根拠が導き出されるようにしなければなりません。その結果、施策に対する最終的な意思決定がされるのです。

　このとき注意する点として、市場や顧客は常に変化しているため、計画通りすべてが上手くいくとは限りません。従って、その点を十分に考慮したうえ、今後の対応について議論してください。関係部署の組織評価を意識し過ぎると、顧客本位のマーケティングができなくなります。

　もしある施策が打ち切りになったとしても、仮説に対し十分な分析を行い判断したのであれば、それら一連の行動は今後のための貴重な経験値となります。このように、人を始め組織が学習することは、戦略と施策が成功すること以上に重要なことです。

図表 19：検証作業

第 4 章

マーケティングの活用

01　自社を知る

　第3章　2「マーケティングの分析」で、3C分析において自社の持つ「人材・資金・資産・情報」の要素を整理する必要性を説明しました。結局、それが「市場における自社のポジション」の把握、さらに「自社の目指すべき方向性を知る」ことにつながるからでした。

　ところで、自社の「人材・資金・資産・情報」や「市場における自社のポジション」の把握とは、具体的に何を見ればよいのでしょうか。そこで、まず「人材・資金・資産・情報」について順番に解説していきます。

　人材とは、企業の社員やプロジェクトへ投入可能な人たちのことです。さらに、社員の持つスキルだったり、あることに挑戦できる組織体制だったり、ビジネスパートナーのスタッフや彼らのスキルも含まれます。要するに、企業が目指す方向に対し協力できる人たちです。

　資金とは、企業が事業をするための元手（資本金）や経営のために使用される金銭のことであり、例えば「マーケティングを実施するうえで投資できる予算」も該当します。

　資産は、企業が所有する財産のことで、自社の商品やサービス・販売網・生産設備・物流網などを指します。これら以外に、企業の顧客も大切な資産と言えるでしょう。

　情報とは、企業が保有する顧客（会員）データ・販売データ・リサーチデータなど、事業活動を実施するうえで欠かすことのできないデータのことです。

　最後になりますが、自社の「企業理念」も必ず見ておきましょう。企業理念は、その企業が目指すべき姿について簡潔にまとめられています。もし事業活動に迷いがあったとき、最終的な経営判断には、この企業理念に基づいて行われることが一般的です。

　次に、「市場における自社のポジション」については、自社の提供する商品・サービスの「市場シェア」「販売ランキング」「外部評価（各種経済誌・業界紙）」などによって把握することができます。これらを活用しながら、自社についてしっかり整理してください。

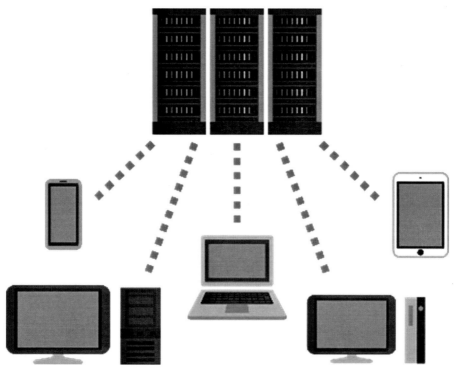

図表 20：企業が保有する情報（資産）

02　競合を知る

　前項の「自社を知る」と同様に、「競合を知る」ことも重要です。では、具体的に「競合の何を知ればよいのか」、これから解説いたします。

　最近、業界のボーダーレス化が進行し、商品やサービスの中には業界間において重なり合うケースも散見されます。これは、商品やサービスのジャンル分けだけでなく、顧客の生活スタイルの変化によって企業の取り扱う領域が広がり、業界の垣根を超えているからです。

　わかりやすい例として、「デジタルカメラ」で考えてみましょう。デジタルカメラをジャンルでみると、従来であれば「デジタルカメラメーカー」同士が競合しあっていました。ところが、デジタルカメラを「消費者にカメラ機能を提供する商品」と定義すると、スマートフォンやタブレットを提供するメーカーも競合として考えなければなりません。

　販売チャネルにおいても、「カメラ専門店」「家電量販店」「通信キャリアショップ」「EC サイト」など、実に多くのチャネルが挙げられます。また、デジタルカメラで撮影した画像の「プリントサービス」まで含めると、「印刷会社」「コンビニエンスストア」「Web ショップ」も競合対象となり、従来では考えられないほど領域が広がっています。

　業界における企業規模も大小入り交じり、尖った技術やアイデアを持ち、店舗や設備を持たず、スマートフォンのアプリや IoT（Internet of Things）[5]というチャネルだけで展開するベンチャー企業も増えています。従って、今までの企業・事業単位で見るだけでなく、「サービス」や「チャネル」の視点からも競合を総合的に把握する必要があります。

図表 21：競合を知る

---

[5] IoT（Internet of Things）
　日本語では「モノのインターネット」と訳されています。これは、様々な製品に通信機能を搭載し、インターネットに接続・連携させる技術のことです。IT 機器以外に、テレビ・冷蔵庫・エアコン・時計・自動車などにも利用されています。

第 5 章

マーケティングの手順

01 行動プラン

　第 3 章において、「①環境分析→②戦略立案→③施策立案→④施策実行→⑤分析・改善」という 5 つのステップについて学習しました。このようなマーケティングの基本的な流れに沿って、実際の行動プランを作っていきましょう。マーケティングの行動プランは、次頁の図表のような流れとなります。

【仮説立案】

　最初のステップは、「仮説を立てる」ことです。3C 分析・SWOT 分析で得た市場環境や顧客、自社や競合について精査し、その結果に基づいて「仮説」を組み立てます。

【ターゲティング施策検討】

　次に、「顧客ターゲティング」と、それに合った「最適な施策検討（販売価格・販促など）」を実施します。STP・4P と 4C を活用し、市場・顧客の観点から「どの顧客ターゲットの」「どのニーズに対して」「どんな商品やサービスを」「どのような手法・手順で知ってもらい購入してもらうのか」をあらかじめ絞り込むことが大切です。

【プロジェクト化情報共有】

　上記の施策を一緒に実施するプロジェクト関係者とは、目標に対する意識を常に共有しなければなりません。関係部署内の役割分担と連携に注力し、それを外部スタッフに対しても同様に明確にしましょう。

　さらに、施策の進捗を詳細に検討するため、関係者が参加できる「ミーティング」の場も設定しておく必要があります。また、実施において発生した課題については、別途管理を行いスケジュールに影響が出ないようにします。

【見える化・共有化】

　施策が開始されたら、情報の「見える化」と「共有化」を継続します。施策の実施に伴って集まった様々なデータを、前もって決められた頻度および内容で関係者と情報共有しなければなりません。施策の実施中、ミーティングですぐ見直しできる改善案が見つかった場合、先送りせず直ちに改善することを心掛けましょう。

【仮説検証・改善計画】

　施策の実施後は関係者を集め、最初に立てた仮説を検証し、状況に応じて改善計画をまとめ

ます。プロジェクト担当者だけで、どうしても解決できない課題が見つかったときには、その報告と一緒に改善要望をマーケティング責任者へ伝え、指示を仰いでください。

【建設的な議論をする】

　施策の実施期間中において、プロジェクト関係者との意見の相違や想定外の課題が発生することも多いです。そのとき、課題を正確に管理し、「可能・不可能」あるいは「正しい・間違い」の判断だけでなく、当初の「目的・目標・企業理念」と照らし合わせることが、結果的に建設的な議論となります。決して、堂々巡りや水掛け論にならないよう注意しましょう。

図表 22：行動プラン

02 仮説を立てる

　この項では、ある事例（あるバイヤーの物語）をもとにして、マーケティング行動の流れを把握します。このバイヤーが実施した分析内容を見ていくことによって、マーケティング行動の理解が深まるはずです。

【あるバイヤーの分析】

　現在、私は「中堅スーパーのバイヤー」です。このたび、自社売上改善のため、メーカーと協力し新商品を投入することになりました。今回、この新商品の売上を伸ばすことが、私の使命です。では、本件のマーケティング行動について私なりに考えてみます。

　最初に行うべきことは、私が3C分析によって「市場・顧客」「競合」「自社」を明確化することです。この場合、店舗の「部門別売上の推移」「時間帯別売上の推移」「商品別売上の推移」などのデータを参考にしています。その結果、3C分析は次の通りです。

【市場・顧客分析】

　本事業では、高齢化および単身・小世帯化が顕著な現象として見られます。以前なら、生鮮食品の大容量パックが主力商品でしたが、最近では調理済の小分けパックやレンジで温めるだけの商品に人気があります。これは、消費者の生活スタイルが変化したからです。

　店舗形態は駅に近い小型店の人気が高く、購入形態も週末のまとめ買いより、平日午前の高齢者利用、平日夕方から夜にかけて一人暮らしの会社員やOLの利用が伸びています。また、1回あたりの購入点数が明らかに減り、まとめ買いセールの効果も少なくなっています。

　あと、全利用者において健康食品の売れ行きが伸びており、消費者の健康志向の高まりを感じます。健康食品は多少高くても購入する消費者が多い傾向にあり、「健康に良い」ということで、価格に関係なく商品を選ぶ消費者が増えています。

【競合分析】

　本事業は、同形態のスーパーだけでなく、「ドラッグストア」や「ネットによる食材宅配」が競合になっています。それぞれ、市場規模として大きくはないですが、その成長率は驚異的です。リアル店舗とネットを組み合わせて購入する消費者は増えており、自社においてもネットの売上を成長させなければなりませんが、なかなか思うように伸びていない状況です。

　ドラッグストアは、自社が扱っている商品も多く取り入れて、特にアルコール飲料・清涼飲料水・冷凍食品などの価格を下げることにより顧客の獲得を狙っています。

【自社分析】

　自社の従業員数は減少傾向にあり、さらに高齢化しています。最近、新店舗が増えていないため、店長を始め管理職の数は大きく変化していません。しかし、現場においては、しっかり商品説明ができたり、接客能力が高かったりする優秀な従業員は多いです。

　現在、厳しい社会情勢ですが、自社は長期に渡り増収増益が続いていたこともあり、経営は健全で現金や預金も多く、まだ投資する力は残っています。

　以上、あるバイヤーの3C分析から、業界の垣根を超えた競合、顧客へのチャネル、自社の従業員状況やその能力、資金力など、様々な要素の洗い出し、複合的に分析するというアプローチが理解できたのではないでしょうか。この3C分析を行った後、次にSWOT分析も行い、自社の強みや弱み、機会や脅威を洗い出していく作業となります。

　今回、バイヤーが行ったSWOT分析の結果は以下の通りです。

【自社内部の強み】

　自社には、経験のある優秀な従業員が多く、顧客に対してきめ細やかな接客が可能です。また、経営は健全であり、事業に投資できる資金もあります。

【自社内部の弱み】

　従業員は高齢化しているにもかかわらず、次の世代が育成できていません。この影響から、ネット対応は遅れており、食材の宅配事業が軌道に乗っていない状況です。

【外部の機会】

　自社の店舗網が、ネット販売事業者から荷物の受け取り拠点として期待されており、これをきっかけに来店客数が増える可能性があります。

【外部の脅威】

　異業種であるドラッグストアが食品を扱い始め、スーパー市場が今後奪われてしまうかもしれません。さらに、コンビニエンスストアとの差別化が困難な状況です。

　さて、バイヤーによる分析によって、いくつかのキーワードが浮かんできました。これを仮説のキーワードとして見ると、「高齢化」「単身・小世帯」「小分け」「まとめ買いなし」「健康志向」「接客力」「ネット化」などです。これらのキーワードを組み合わせて、仮説に落とし込んでいきましょう。

　3C 分析や SWOT 分析は、分析資料を作成するときに労力を要しますが、一度作成しておけば、以降は差分だけを検討するだけでよいため、最初はとにかく頑張って分析し資料作成してください。

図表 23：見えてきたキーワード

03 ターゲットの明確化

　市場・顧客の把握がすんだら、STP（セグメンテーション・ターゲティング・ポジショニング）のフレームワークで顧客ターゲットを絞り込みます。

　そのとき、4P（商品・価格・流通・販促）に 4C（顧客の価値・顧客が負担するコスト・顧客の利便性・顧客とのコミュニケーション）の顧客視点を加えた「①商品による顧客ソリューション」「②顧客の考える価格設定」「③購入時における顧客の利便性」「④販促を通じた顧客とのコミュニケーション」を考えることが重要です。

　特に、「①商品による顧客ソリューション」「②顧客の考える価格設定」「③購入時における顧客の利便性」を STP と組み合わせて考えると、顧客のニーズとターゲット、商品の提供方法を具体的なかたちで落とし込むことができます。

　また、仮説のキーワードで挙がった「高齢化」「単身・小世帯」「小分け」「まとめ買いなし」「健康志向」「接客力」「ネット化」などから、顧客セグメントが見えてきます。いろいろパターンは考えられますが、ここでは 2 つのパターンを提示します。

　最初は、図表 24 のターゲット設定です。こちらは、「店舗の近くに住む、健康志向のシニア世代」をターゲットとして想定しています。

　次に、図表 25 のターゲット設定です。こちらは、「30〜40 代以上、単身世帯あるいは子供のいない共働き夫婦」をターゲットとして想定しています。

　どちらも仮説のキーワードを活用し、STP・4P・4C を意識しながらターゲティングを行っていることがわかります。

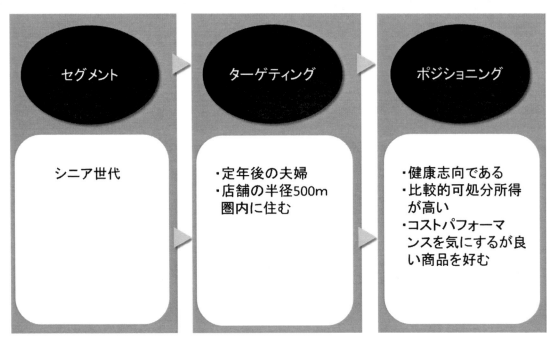

図表24：ターゲット　その1　店舗の近くに住む健康志向のシニア世代

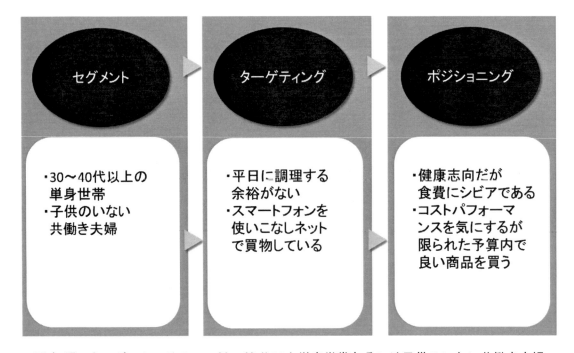

図表25：ターゲット　その2　30〜40代以上単身世帯あるいは子供のいない共働き夫婦

【価格設定・販売チャネル・販促】

　では、図表24と図表25のターゲットを想定した場合、最適な「価格」「販促」をどのように考えたらよいのでしょうか。ここでは、「販促を通じた顧客とのコミュニケーション」を踏まえ検討します。例えば、次のような施策が考えられます。

①商材は「健康志向」「調理時間節約」「コストパフォーマンスの高い味」という観点から、商品名は「お手軽な調理食品：レンジで和食！シリーズ」、価格は総菜パック商品より安く、インスタント食品より高い「1人前300円」「2人前550円」とします。

②販売チャネルは、スーパーの店頭販売とネットによる注文も受け付けます。ネット注文分は宅配だけでなく、スーパー店頭での受け取りも可能です。

③販促キャンペーンとして、該当商品の購入点数に応じ、通常ポイント数よりさらにポイント数を加算してポイントを付与します。

④ネット注文で予約してくれた場合、次回以降に利用できる割引クーポンを発行します。

⑤スーパー店頭では、自社のベテラン従業員が試食を実施します。

　上記はひとつの例ですが、顧客視点から自社の強みを活用した施策になっています。このように、市場・顧客、自社の強み、競合などを分析することによって、自社に合った施策を立てることができるのです。

図表26：キャンペーン

【関係者へ協力を依頼する】

　顧客ターゲットや販売商品が決まり、価格・キャンペーン内容・販売チャネルの見通しも立ってきました。では、これら以外に何か行うべきことがあるのでしょうか。

　マーケティング活動でその事業が成功するか否かは、関係するすべての人に協力してもらえるかどうかにあります。社内の一部署が声を張り上げるだけでは、決して期待した成果が得られません。やはり、他部署の人たちからの協力が非常に大切です。そのためには、本事業の施策にかかわってもらう部署を選定し、組織体制を構築しなければなりません。

【目的・目標を明確にしてから役割分担する】

　組織体制を構築する際、注意するべき点として、それぞれの役割分担を明確にし、目的意識を共有することです。役割分担や責任の所在が曖昧になると、事業の成果にも影響します。

　本プロジェクトの目的は、「新商品の販売数を伸ばすこと」であるため、「期間」「金額」「個数」など数値化した明確な販売目標が必要です。さらに、提示された各数値が、各部署の活動および評価へとつながるようになっていなければなりません。

【組織体制および会議体を明確化する】

　組織体制が決定した後は、目標数値の落とし込みやプロジェクトの進捗を確認するための会議体を設ける必要があります。会議体では、「どのような目標数値なのか、何の課題について話し合うのか」をあらかじめ決めておき、参加者同士で内容が重ならないようにしましょう。

【スケジュールと課題の情報を共有する】

　施策を一斉に始めると、同時進行によるいろいろな弊害が生じます。そのたび、会議体で確認しなくても済むよう、クラウドにプロジェクト全体のスケジュール表や課題管理表などをアップしておき、担当者が毎日更新を行い、関係者全員と情報共有できるようにしてください。

図表 27：関係部署への依頼

04 施策の実行

　実行段階になると、現場での販売活動が中心となります。具体的には販売商品の準備、販促物（ポスターやPOPなど）の確認、キャンペーンの宣伝など、実行すると決まった施策を当初のスケジュール通りに、担当者が滞りなく進行させることが大切です。

　プロジェクトにおいては、事前の予約状況、キャンペーン開始後の売上・客数・地域別などのデータを収集し、目標値と実績値との比較ができるような一覧表を作成することで、関係者全員に対し「見える化」を続けなければなりません。

　結局、現場での「施策実行」と「その数値の見える化および共有化」がしっかりできてこそ、キャンペーン効果の最大化を図ることができるのです。ここが、マーケティング活動における肝心な部分であり、これを怠ってしまうと成果に大きく影響します。

　施策を実行中、その途中で問題が発生した場合、すぐに解決できるものや短期間で解決できるものには、解決に向けた迅速な行動を取らなければなりません。担当者が決められたスケジュールを淡々とこなすのではなく、見つかった問題を早期解決することが重要です。

　キャンペーン期間中に改善の見込みが立たないもの、解決に相当な時間を要するものについては、後日検討できるように必ず記録を残しておきましょう。また、その記録は関係者にも共有し、問題の解決を進めている姿勢を明示してください。

　これら一連の行為は、PDCAサイクルの実行（Do）におけるポイントとなる要素ですが、正直手間のかかる作業かもしれません。しかし、実際に行動するかどうかによって、事業の成否にも反映されるため、担当者は真剣に取り組むべきことです。

05 結果と改善

　キャンペーンが終了し、予定していた施策をすべて実施した後、最初に分析と検証を始めます。当初、目標としていた販売商品の売上や数量など「目標数に対する達成率」、各部署が担当した「販促指標の達成度」、さらに「実施途中に気づいた課題」も整理します。

　キャンペーンの規模にもよりますが、資料は結果の一覧表以外に、「目標や目的の達成度」や「各指標の成果」が確認できるものを準備しましょう。それによって、関係者は施策の理解度を高められますし、また改善するべき課題への協力が期待できます。

【PDCA サイクルの注意点】

　マーケティング活動において、PDCA サイクルを回すことは重要です。PDCA サイクルの中でも、「**評価（Check）**」と「**改善（Action）**」に注力しましょう。その際、数値の結果だけでは改善点が把握しにくいことから、各担当部署における課題内容も含めて明確にしなければなりません。数値は、課題を確認するための指標に過ぎないのです。

　また、課題の解決に向けた行動をし続けることで、やがて顧客や現場の課題が改善され、結果、事業の売上アップにも貢献します。数値結果の善し悪しではなく、実行途中の課題を把握し、改善し続けることが、すべてのプロジェクトにおいて最も重要なことです。

　マーケティング活動は、新しい取り組みが多いため、実行することで初めて気づくこともあります。従って、最初にしっかり仮説を立てて計画し、それを実行した後は「評価」および「改善」し続ける癖をつけることが大切です。

第 6 章

マーケティングの役割

01 売上・顧客数・継続率

　マーケティング活動において、最も重視しなければならない数値は、顧客が商品を購入および利用してくれたことによる「売上（または利益）」であり、また「何度も繰り返し購入（利用）してくれた回数」と言えるでしょう。

　ネットでは「サイト・ページビュー」や「コンバージョン」など、成果を評価する指標（KPI）[6]があります。最近、マーケティング業務の細分化が進み、以前より詳細な評価ができるようになりました。しかし、それらの指標はあくまでマーケティング活動の途中経過を評価するものであり、最終的な目標（KGI）[7]ではありません。

　部署の目標となるいくつかの指標を「最終目標」にすると、「自部署は目標を達成しているにもかかわらず、他部署においては達成していない・・・」との問題が発生する場合があります。実際のマーケティング活動は、プロジェクトという枠組みの中で、業務内容によって細分化しているだけであり、ある部署が目標達成したとしても喜ぶべきことではないのです。

　マーケティングにおける評価は、「売上（または利益）」・「顧客数」です。また、分析ツールの進化によって、チャネルをまたがった顧客の「継続率（リピート回数）」を測定することも可能となっています。さらに、顧客を「新規」と「既存」に分けて分析することも容易です。今後は、既存客を5年・10年という長期的なサイクルで見ることができるでしょう。

　つまり、企業は売上（利益）・顧客数・継続率を少しでもアップさせることができるよう、施策および検証によってマーケティング活動を実施しなければならないのです。

---

[6] 【KPI（重要業績評価指標）】正式名：Key Performance Indicator
目標達成に向けてその過程における達成度を把握し評価するための「中間目標」

[7] 【KGI（重要目標達成指標）】正式名：Key Goal Indicator
目標達成に向けてその達成度を把握し評価するための「最終目標」

売上＝商品価格×顧客数×継続率（リピート回数）

売上を伸ばすためには、

①商品価格を上げる

②顧客数を増やす

③継続率（リピート回数）を増やす

図表 28：マーケティングの評価

02 LTV（顧客生涯価値）

　マーケティング活動を通じて、企業と顧客とのつながりが強固になると、単年度の売上計画から 3〜5 年の中期計画、10 年以上の長期計画を顧客視点で考え、立案および実行することが可能です。通常、5〜10 年もの年数が経過すれば、人々のライフスタイルは大きく変化することでしょう。企業も、提供する商品やサービスについて模索することになります。

　企業が提供する商品やサービスによって、顧客との強固なつながりを維持できれば、従来の商品売上から算出した売上計画ではなく、顧客が企業へ生涯に渡って支払うお金、いわゆる「ライフタイムバリュー（LTV）／顧客生涯価値」[8]から売上計画を算出できます。

　商品を売る前提の予算、顧客の購買（利用）に合わせた予算、どちらの実現性が高いでしょうか。これは、商品がどれだけ売れるかという「商品による勘定」から、年間○○円支払う顧客を何人集めれば予算達成できるかという「顧客による勘定」へのシフトを意味します。

　もし売上（利益）が予算より不足していたのなら、既存客の中から購入（利用）しそうな顧客を見つけたり、見込客の中から新規客を見つけたり、適切なマーケティング活動を実施することで予算達成がしやすくなるでしょう。要するに、これらのマーケティング活動を行うことが、結果、「顧客の立場を意識した企業経営」にもつながるのです。

　経営層が企業内の活動において、最も注力すべきところは「マーケティング活動である」と常に意識することが重要です。また、マーケティング活動は、企業全体における最適化を考え、企業理念と照合しながら、売上（利益）の最大化を目指さなければなりません。

　マーケティングの成果は、前項で説明したとおり、売上（利益）・顧客数・継続率という数値にしっかり表れます。経営層・管理者・現場担当者は、マーケティングの全体像を顧客視点で考え、企業の戦略として単年度だけでなく、複数年の長期に渡って検討する必要があります。このことから、マーケティング活動は企業変革のチャンスと言えるかもしれません。

---

[8] 顧客生涯価値とは、顧客ライフサイクル内において、対象顧客が企業にもたらした価値の総計のことです。この指標が利用される理由としては、「新規顧客を獲得するより、既存顧客に何度も取引させたほうが、企業の利益につなげやすい」との考えがあるからです。

図表 29：顧客との強固なつながり

第 7 章

これからのマーケティング

01 進化する顧客体験

　第1章でオムニチャネル化について説明しましたが、今後はますますオムニチャネル化が進行していくと考えられます。オムニチャネルの基本的な考え方とは、次の通りです。

・商品、顧客、購買（利用）履歴の各データベースが大量に保管されている。

・顧客が様々な情報チャネル（web、チラシ、カタログなど）と購買・利用チャネル（リアル店舗、PC、スマートフォン、サポートセンターなど）を自由に選べる。

・顧客情報と各チャネルが連携し、顧客に対し適切なリコメンドができる。

　購買・利用チャネルでは、顧客ごとで正確な情報を提供できるようになり、時間経過に伴って、最新情報が得られるようになるでしょう。また、顧客自身のネットアクセスデバイスについても、スマートフォンやタブレット端末だけではなく、スマートウォッチのような小型なウェアラブル（装着型）デバイスが増えるはずです。

　ネットによる商品購入が増えてくると、いずれリアル店舗はショールーム化し、商品の陳列や在庫が減少するかもしれません。現在、リアル店舗ではセルフレジの導入が増加しています。将来、店員の重要な業務は、AIで解析された顧客に役立つ情報をタブレット端末に提示しながら、商談を進めるかたちが考えられます。

　これから、企業はチャネルをまたがった膨大な顧客情報・商品情報・販売情報などを、正確に管理し把握することが求められます。これが構築できたら、「顧客に最適な商品やサービス」を「顧客が求めるタイミング」で「顧客の希望するチャネル」を使って届けることができます。また、蓄積されたデータは顧客の許諾のもと、マーケティング活動に利用されるのです。

図表 30：オムニチャネル化の進化

7

これからのマーケティング

55

02 マーケティングの進化

　最近のマーケティング活動が大きく進化している背景として、「IT の進化」は見逃せません。マーケティング施策を実施し、結果分析を行うためには、膨大な作業が必要となります。例えば、アプローチを考えている顧客リストやそれに対する購買履歴など、細かくチェックしたり、絞り込みをしたりするとデータ量が大幅に増え人海戦術では困難です。

　これらを解決しつつあるものが IT 技術であり、IT の進化によって作業に伴うコストの削減にもつながっています。2010 年頃までは、大量のデータを管理するサーバについて、自社または契約するデータセンターで保管することが一般的でした。当然ですが、データ量の増加に比例して、管理コストは上昇します。

　この状況を解決するのがクラウド技術であり、サーバは所有するものからレンタルするものへと考え方が変わったのです。特筆に値する点は、サーバ 1 台単位の契約でなく、必要とする容量だけを契約し利用できることであり、これによって企業は大量のデータを比較的安価に保持できるようになりました。さらに、コンピュータの処理能力も向上し、膨大なデータを高速に処理できるようになり、通信回線の高速化と併せて IT の進化がもたらす影響は非常に大きくなっています。

　マーケティングの仮説を立てるときに必要となるデータは、大量のデータの中から簡単に抽出可能であり、さらにそれを「見える化」することもできます[9]。イベントやキャンペーンなどで大量の情報発信をする場合、企業と顧客との関係性をもとに、最適な顧客へ最適なタイミングで何度も発信をすることができるようになりました。

　さらに、情報発信したあとの顧客の行動データを追跡できるようになり、その膨大なデータを簡単に整理・分析することもできます。つまり、マーケティングにおいて必要とするデータが増えていっても、そのデータ処理を高速で効率的に対応できるのです。IT の進化とコストの低減、クラウドサーバ化、通信回線の高速化、デバイスの進化は、マーケティングに大きなメリットを与え、マーケティングのデジタル化を推進する原動力となっています。

---

[9] **データマイニング**
　データベースに蓄積された大量データから、マーケティングに必要な傾向やパターンなど隠れた規則性、関係性、仮説を導き出す手法のことです。

図表 31：IT の進化

これからのマーケティング

参考文献

・『デジタル時代の基礎知識　マーケティング』逸見光次郎，翔泳社，2020 年
・『図解でわかるマーケティング　いちばん最初に読む本』野上眞一，アニモ出版，2016 年
・『知識ゼロからのマーケティング入門』弘兼憲史・前田信広，幻冬舎，2016 年
・『ハイパワー・マーケティング』著：ジェイ・エイブラハム、訳：金森重樹，ジャック・メ
　ディア，2005 年

著者紹介

大久保 久明（おおくぼ ひさあき）

ベネフィット・ラボ　代表

顧客管理アドバイザー

大学卒業後、ＩＴ専門商社やプラスチックカード加工会社にて勤務。その後、顧客資産を効果的に活用する方法・手順等伝える顧客管理アドバイザーとして独立。業界 30 年以上の幅広い知識を武器に、「社会が求める価値を創造する企業や人を応援する」というミッションのもと、クライアントの利益改善のためアドバイスを行っている。

職業訓練法人Ｈ＆Ａ　マーケティングの基礎

2021年4月1日　初版発行
2023年4月1日　第三刷発行

著者　**大久保 久明**

発行所　職業訓練法人Ｈ＆Ａ
〒472-0023 愛知県知立市西町妻向14-1
TEL 0566(70)7766
FAX 0566(70)7765

発売　株式会社 三恵社
〒462-0056 愛知県名古屋市北区中丸町2-24-1
TEL 052(915)5211
FAX 052(915)5019
URL http://www.sankeisha.com

乱丁・落丁の場合はお取替えいたします。

ISBN978-4-86693-413-6